Lect...

# EL CELOSO EXTREMEÑO

### Adaptación
### Eliezer Bordallo Huidobro

### Dirección
### Mª Isabel Martín Herrera

**COLOQUIO**
EDITORIAL

Primera Edición, 1990

© Eliezer Bordallo Huidobro, 1990

© EDITORIAL COLOQUIO, S.A., 1990
Juan Álvarez Mendizábal, 65
28008 MADRID-ESPAÑA
Tf. 91-2485736/91-2481530
FAX 91-5346320

© SOCIEDAD GENERAL ESPAÑOLA
DE LIBRERÍA S.A., 1990
Avda. Valdelaparra, 29
28100 ALCOBENDAS-(Madrid) ESPAÑA

CUBIERTA Y DISEÑO: Miguel Ángel Blázquez Vilar
ILUSTRACIONES: Enrique Ibáñez

TRADUCCIÓN:
    INGLÉS: Marisa Escobar
    FRANCÉS: Eliezer Bordallo
             María Moreno
    ALEMÁN: Veronika Beucker

ISBN 84-7861-021-9
Depósito Legal M-24257-1990
Impreso en España-Printed in Spain

# EL CELOSO EXTREMEÑO

Cuentan que hace años, un joven hidalgo* hijo de padres nobles, decidió abandonar la casa paterna que se encontraba en *Extremadura*[1] y se dedicó a gastar su herencia viajando por tierras de España e Italia.

Al cabo de algunos años, sin padres y sin tierras, cansado de llevar una vida tan vacía, se dirigió a Sevilla y en poco tiempo gastó la escasa fortuna que le quedaba. Sin dinero y rodeado de malos amigos, tomó la decisión, como tantos otros desesperados, de embarcarse hacia *las Indias*[2].

Preguntando aquí y allá, se enteró por fin de una flota* que partía hacia el Perú y, llegando a un acuerdo con el almirante, cogió su ración de comida y su esterilla* para dormir, se trasladó a Cádiz y, desde allí, una hermosa mañana de primavera zarpó* hacia las Indias.

Avanzaba la flota desplegando sus velas al viento y Felipe Carrizales, que es como se llamaba dicho hidalgo, se despidió emocionado de

---

1   *Extremadura: región del Oeste de España que agrupa las provincias de Cáceres y Badajoz.*
2   *Las Indias: nombre oficial que se daba en aquella época a las posesiones de España en América.*

España mientras la bendecía*.

Iba nuestro pasajero pensativo, recordando con tristeza lo mal que se había comportado durante su vida anterior, los peligros por los que había pasado y la mala administración que había llevado con sus bienes y con su dinero y, mientras se lamentaba, perdiendo ya de vista su querida España, tomó la firme resolución de cambiar de manera de vida, de cuidar de sus bienes y de ser en adelante respetuoso con las mujeres.

En esto se presentó una tormenta y Carrizales tuvo que dejar sus propósitos y preocuparse de salvar su vida y la de sus compañeros.

Pasado este pequeño susto, llegó el navío sin ningún contratiempo a Cartagena de Indias, en Colombia. Cuando Felipe desembarcó, tenía cuarenta y ocho años.

Permaneció allí durante veinte años más y, fiel a sus promesas, trabajó con esfuerzo, y llevó una vida ejemplar. Obrando así, reunió poco a poco la fortuna de ciento cincuenta mil *pesos*[3].

Próspero y rico, no era feliz pues añoraba cada vez más a España, así que, un buen día, decidió vender todas sus posesiones y volver de nuevo a su patria. Dicho y hecho, se trajo consigo

---

3   *Peso: unidad monetaria de Bolivia, Colombia, Cuba, Filipinas, Méjico, República Dominicana y Uruguay; antiguamente era de plata.*

todas sus ganancias en barras de oro y plata, desembarcó en Sanlúcar y llegó a Sevilla tan lleno de años como de riquezas. Lo primero que hizo fue buscar a sus antiguos amigos, pero todos estaban muertos. Quiso partir a sus tierras de Extremadura, pero se enteró de que sus parientes habían vendido hace años las posesiones de sus antepasados. ¡Tanto dinero y no saber qué hacer con él! Estas preocupaciones le mantenían en continua inquietud, le quitaban el sueño, de modo que Felipe empezaba a añorar* los tiempos en que era pobre, pero al menos tenía un sueño tranquilo.

Tampoco tenía ganas de negociar con el dinero, pues pensaba que los años que le quedaban de vida, con tantas barras de oro y plata, iban a transcurrir tranquilos, gastando lo que quisiera. ¡En fin!, poco a poco se le fue metiendo en la cabeza la idea de dejar algún día sus bienes a alguien y, con este deseo, se iba animando hasta que, finalmente, tomó la firme determinación de buscar una mujer decente y convertirla en su esposa.

Cada vez que le venía a la cabeza este pensamiento se sobresaltaba y un gran miedo se apoderaba de él, pues era Felipe el hombre más celoso del mundo. Y, sólo de pensar en que su posible mujer pudiera engañarlo, se ponía tan malo que decidía no casarse.

Así andaba en estas dudas, sin saber qué hacer con su dinero ni con su vida, cuando, pasando un día por una calle, alzó los ojos y vio en
5 una ventana a una doncella muy joven -entre trece y catorce años- de rostro tan agradable y hermoso que Carrizales quedó al momento rendido ante los encantos de la bella Leonora, que así se llamaba la muchacha.

10 Una vez más, empezó a pensar y a pensar, hablando consigo mismo y diciéndose: Esta muchacha es hermosa y, por el tipo de casa en que habita, no debe de ser rica. Seguro de ella puedo estar por los pocos años que tiene. Me casa-
15 ré con ella, la encerraré y la haré a mi manera, de modo que piense y actúe como yo le ordene. Todavía no soy tan viejo que no pueda tener hijos que algún día puedan heredar mi fortuna. El que tenga o no tenga dote* no ha de preocupar-
20 me, pues tengo yo de sobra para todos, y los ricos no deben buscar en su matrimonio más dinero, sino gusto y placer, que el gusto alarga la vida y los disgustos y problemas entre los casados la acortan.

25 Este soliloquio* se lo repetía nuestro protagonista cientos de veces al día, hasta que una tarde decidió hablar con los padres de Leonora. Conversó con ellos y se enteró de que eran po-

bres, pero nobles. Él, a su vez, les informó de la calidad de su persona y de su fortuna. Finalmente les rogó que le diesen por esposa a su hija.

Ellos le pidieron un tiempo para informarse de lo que decía y para que a su vez él también se enterase de la nobleza de Leonora. Pasado este tiempo y todo aclarado, se convirtió la joven en la esposa de Carrizales, dotándola antes con veinte mil *ducados*[4].

Nada más dar el «sí» de esposo, le entraron a Felipe tales celos y sospechas que empezó a temblar de miedo. La primera medida que tomó fue que no entrara ningún sastre en su casa para tomar medidas a su esposa de los muchos trajes que pensaba hacerle. Así pues anduvo unos días buscando una mujer que tuviera más o menos las mismas medidas que Leonora. Encontró una de la misma talla, pobre y joven, para la que mandó confeccionar un vestido que después probó a su mujer, y comprobó que le estaba bien. Por estas medidas confeccionó el sastre numerosos trajes de ricos tejidos.

Los padres de la joven, al verla tan hermosa y bien tratada, estaban encantados con el buen casamiento de su hija y, a su vez, la niña era dichosa porque en su vida había disfrutado de

_____

4    *Ducado: moneda antigua española.*

9

tanta riqueza y regalo.

La segunda medida de Felipe fue que no se
unió a su esposa hasta que no consiguió una casa para ellos dos solos. Tomada esta resolución,
5  obró de la siguiente manera:

Compró una gran casa en el centro de la ciudad, con agua que manaba de una fuente en medio de un hermoso jardín de naranjos. Mandó
cerrar todas las ventanas, dándoles la única vis-
10  ta hacia el cielo. Construyó en el portal de la calle un pequeño establo* para una mula y, junto
a él, una pequeña habitación en donde había de
vivir aquel que cuidara de la casa. Eligió para
esta misión a un viejo negro y eunuco*. Levan-
15  tó las paredes de las azoteas* de modo que lo
único que se veía era el cielo. Finalmente construyó un torno* que comunicaba la puerta de la
calle con el patio.

Para adornar la casa compró ricos tapices,
20  muebles y alfombras, como lo haría un gran señor. Adquirió también cuatro esclavas blancas a
las que marcó, como era costumbre, y una negra
recién llegada de África. Se puso de acuerdo
con un tendero para que todos los días trajese
25  la comida y la entregara a través del torno, de
modo que nadie le viera el rostro.

Decidió repartir parte de su dinero en buenas
obras, con otra parte pagó impuestos, otra la

metió en el Banco y el resto lo dejó en casa para lo que necesitase.

Por último, hizo una *llave maestra*[5] que guardó para sí.

Una vez todo preparado y dispuesto, se encaminó a la casa de sus suegros y les pidió que le entregasen a su hija.

La tierna Leonora lloraba al despedirse de sus padres y dulcemente les pidió su bendición. Éstos se la dieron de buen grado. Una vez terminada esta breve ceremonia, se cogieron los esposos de la mano y, rodeados de sus criadas y esclavos, se dirigieron a su nueva casa.

Nada más atravesar el umbral*, Felipe Carrizales les habló a todas seriamente, prohibiendo rotundamente que nadie entrara en la casa, ni siquiera el viejo eunuco que la guardaba. Encargó la custodia de Leonora a una vieja aya*, famosa por su prudencia, a quien hizo responsable del cuidado de su esposa, pidiéndole que se encargase de todo lo que ella pidiese y que le permitiera jugar con las criadas y esclavas, puesto que eran de la misma edad. Les prometió a todas ser bien tratadas para que soportaran fácilmente su encerramiento y que todos los días de fiesta, sin faltar ninguno, irían a oír misa, pe-

---

5   *Llave maestra: llave que abre todas las cerraduras.*

ro, tan de mañana, que apenas habría luz para ser vistas.

Todas las mujeres prometieron a su señor obedecerlo en todo y, con buen ánimo, se pusieron a su disposición. Por su parte, la nueva esposa, encogiéndose de hombros, bajó la cabeza y dijo que ella no tenía otra voluntad que la de su esposo y señor, a quien siempre obedecería.

Por fin, todo pensado y dispuesto, estando todos de acuerdo, empezó el buen extremeño a disfrutar de los placeres de la vida matrimonial. Por su parte Leonora, como carecía de experiencia, no sentía gozo ni rechazo, y así pasaba el tiempo, viviendo tranquilamente, rodeada de su marido, su ama y sus criadas.

Unas veces se entretenían haciendo dulces, pues todas eran golosas. Leonora se mezclaba con las criadas, cocinando y riendo por niñerías. Otras veces, les daba por coser y se ponían todas a hacer muñecas. Disfrutaba Felipe al verla tan inocente y se dedicaba a traerle regalos y caprichos, mientras daba gracias al cielo por ser tan felices.

Los días que iban a misa, como antes se dijo, era casi de noche, y también acudían los padres de Leonora, quienes conversaban con ella delante de su marido. Aprovechaba Carrizales la ocasión para darles dinero; y, ellos, aunque veían a su hija demasiado encerrada, se alegraban de verla tranquila y de poder *vivir* todos tan bien *a costa del*[6] extremeño.

✳✳✳

La vida de Carrizales transcurría de la siguiente manera: Se levantaba por la mañana temprano y aguardaba a que llegase el tendero, a quien, la noche anterior, había dejado escrito en el torno todo aquello que necesitaban. Una vez recibido todo y despedido el tendero, salía de su casa a pie, cerrando con su llave maestra las dos puertas, en medio de las cuales se quedaban la mula y el negro. Se daba un paseo por la ciudad, resolviendo sus pocos negocios y comprando los encargos y regalos con los que contentaba a su esposa. Volvía y pasaba el resto del día con Leonora y sus sirvientas. A todas ellas trataba bien, pues era Carrizales de carácter amable y sencillo y las entretenía a menudo, contándoles historias de sus viajes y conocimientos, pero evitando siempre hablar de cualquier hombre que no fuera él.

De esta manera transcurrió un año, siendo todos felices y pensando que así acabarían todos su vida.

---

6    *Vivir a costa de: vivir a cargo de alguien, a expensas de otro.*

El mismo Carrizales era el centinela* de su morada*, pues ningún varón había en la casa sino él, ni siquiera animal macho alguno. De día pensaba, de noche vigilaba. Jamás entró ningún hombre en su casa. Las figuras y tapices o cuadros que colgaban de sus paredes, sólo representaban mujeres, flores y paisajes. Con sus amigos negociaba en la calle y las historias que se contaban durante las largas noches de invierno alrededor de la chimenea, siempre eran puras e inocentes.

La dulce Leonora miraba las canas de la cabeza de su marido como si fueran de plata pura, pues no había tenido ocasión de compararlas con las de ningún otro hombre. Para ella era él su primer amor y eso bastaba. Pensaba además que todas las mujeres casadas eran igualmente tratadas y que todas eran como ella vigiladas. Sólo pisaba la calle cuando iba a misa, y estaba todo tan oscuro que apenas distinguía unas calles de otras. No había convento tan cerrado ni monjas tan recogidas como la casa de Carrizales y, sin embargo, no pudo el viejo extremeño prevenir lo que le iba a ocurrir.

***

Merodea* por Sevilla gente holgazana* y ociosa que se pasa la vida en la calle, son jóve-

15

nes que, habiendo heredado algún dinero de sus padres, no tienen nada que hacer en todo el día, inventando, para matar el tiempo, diversas fechorías*. Había entre ellos un mozo soltero que un día se fijó en la casa de Carrizales y le llamó la atención lo cerrada que estaba siempre. Preguntó a unos y a otros la razón de la clausura* , poco a poco, se fue enterando de todo.

Supo lo celoso y rico que era el viejo, la hermosura y juventud de su esposa y cómo lo tenía todo guardado y vigilado. A medida que le iban contando más historias, iba sintiendo Loaysa, que así se llamaba el mozo, unas ganas terribles de conocer a Leonora. Un día, determinó ponerse de acuerdo con sus amigos para realizar el plan que tenía pensado. Lo primero que hizo fue *correr la voz*[7] entre el vecindario de que se iba de viaje y así no levantar sospechas, de modo que todos lo creyeran ausente. Después se disfrazó de mendigo, poniéndose unos harapos*, tapándose un ojo y ayudándose de dos muletas*. Caminó arrastrando una de sus piernas, llegó hasta la casa de Carrizales y se sentó en el suelo, cerca de la puerta, detrás de la cual se encontraba el viejo eunuco, llamado Luis,

---

7   *Correr la voz:* decir a amigos y a vecinos una noticia con la intención de que la repitan a otros y todos se enteren.

que se encontraba como siempre encerrado. Así dispuesto, sacó una guitarrilla y empezó a cantar diversas cancioncillas alegres y bonitas que estaban de moda. Enseguida empezaron los muchachos a rodearlo, aplaudiéndole cada vez que terminaba; la gente se paraba para oírlo y le echaba monedas. El negro Luis estaba embelesado* con las canciones, pues de sobra es sabida la afición que tienen los negros por la música, y hubiera dado lo que le pidiesen por poder abrir la puerta para oírlo mejor.

Así pasaron cuatro o cinco días; cuando Loaysa terminaba de cantar, recogía sus muletas y se iba. Una noche, sabiendo el mozo que Luis estaría solo y aburrido, se acercó hasta la puerta y empezó a cantar una *romanza*[8]. Cuando terminó, acercó su boca al quicio* y dijo:

"¿Sería posible que me dieras un poco de agua, Luis?, pues no puedo seguir cantando a causa de la sed".

"No" –dijo el negro– "porque no tengo llave de esta puerta y no existe ningún agujero por donde pueda dárosla".

"¿Y quién tiene la llave?" –preguntó Loaysa.

"Mi amo" –respondió el negro– "que es el hombre más celoso del mundo. Si él supiera que

---

8    *Romanza: melodía antigua y sencilla de contenido sentimental.*

yo estoy ahora hablando con alguien, seguro que me mataría. Pero, ¿quién es usted que me pide agua?"

"Yo soy un pobre tullido* que arrastro una
5   pierna y que me gano la vida pidiendo limosna por Dios a la gente piadosa. Además enseño a tocar la guitarra a los negros y a otras personas con afición; ya han aprendido varios esclavos que ahora se dedican a cantar y tañer* en cual-
10  quier baile o taberna; y me lo han pagado muy bien".

"Mejor os lo pagaría yo" –dijo Luis– "si pudiera recibir alguna lección; pero no es posible, porque mi amo, cuando sale por las mañanas,
15  cierra la puerta de la calle y, cuando vuelve, hace lo mismo, dejándome entre las dos puertas".

"¡Qué lástima!" –replicó Loaysa– "porque si pudiera entrar algunas noches a daros clases, estoy seguro de que en menos de quince días
20  aprenderíais a tocar la guitarra. Además he oído decir que sois muy hábil con los dedos y, por el tono de vuestra voz, debéis de cantar muy bien".

"No canto mal, pero sólo conozco dos o tres
25  cancioncillas".

"Yo podría enseñaros muchas más, porque me sé todas las que tratan de moros y cristianos, y las enseño con tal facilidad que, *en un abrir y*

18

*cerrar de ojos*[9], aprenderíais a cantarlas acompañado de la guitarra."

Suspirando, el negro respondió:

"Y, ¿de qué me sirve a mí todo eso, si no sé como meteros en la casa?".⁵

"Eso es fácil, procurad coger las llaves a vuestro amo. Yo conseguiré un pedazo de cera blanda en donde las imprimiréis, de modo que se queden bien marcadas. Después, mandaré a un amigo cerrajero* que me haga una copia de las ¹⁰ llaves, y así podré entrar dentro de noche y os enseñaré a cantar y a tocar de maravilla. Esto os lo digo porque es una lástima que se pierda una voz como la vuestra que, cuando la acompañéis de la guitarra, se convertirá en la mejor voz del ¹⁵ mundo".

"No sigáis" –replicó el negro– "porque no podrá ser; que jamás tendré las llaves en mi poder, pues mi amo no las suelta durante el día y, por la noche, las guarda bajo su almohada". ²⁰

"Pues haced otra cosa, si verdaderamente tenéis ganas de ser músico. Yo os daré por debajo de la puerta, ayudándome *vos*[10] desde el otro lado a quitar alguna tierra del quicio, unas tenazas y un martillo, para que por la noche, podáis ²⁵

9   *En un abrir y cerrar de ojos: en un momento, al instante.*
10   *Vos: equivalente a usted.*

quitar los clavos de la cerradura maestra con facilidad. Cuando lo hayáis hecho, colocaréis de nuevo la chapa para que así parezca que no ha sido desclavada".

5    "Así podré yo entrar y encerrarme con vos, de modo que podamos aprovechar el tiempo y enseguida aprendáis a cantar y a tocar la guitarra. Y de la comida no os preocupéis, que yo traeré la suficiente para los dos".

10    "De la comida".—respondió el negro— "no tenéis que preocuparos, porque entre lo que mi amo me da, y las sobras* que me pasan las esclavas, habrá suficiente para los dos. Eso sí, traedme cuanto antes ese martillo y esas tenazas, que 15 yo iré haciendo un hueco por donde quepan. No me importa hacer ruido al quitar la chapa, porque mi amo duerme tan lejos que no lo oirá".

   "Por Dios os prometo que de aquí a dos días tendré todo dispuesto y, mientras tanto, procu-20 rad no beber aguardiente*, porque hace mucho daño a la voz".

   Muy serio respondió Luis:

   "Nada me pone tan ronco como el vino, pero eso no me lo quitaría yo por nada del mundo".

25    "No digo eso" –dijo con tono suave el mozo– "sino que bebáis con moderación, que el vino que se bebe con medida, jamás causa daño alguno".

"Con moderación bebo, y aquí guardo un jarro que me llenan a diario las esclavas sin que mi amo lo sepa. Además el tendero me llena una bota pequeña cada día para suplir lo que a la jarra le falta". 5

"Eso está bien" –respondió Loaysa– "porque: *Seca la garganta, ni se gruñe ni se canta*"[11].

"Andad con Dios" –dijo Luis– "pero venid a cantar todas las noches antes de traerme lo que me habéis prometido, que ya me muero de ganas 10 por poner mis dedos en la guitarra".

"¡Claro que vendré!, y con cancioncillas nuevas".

"Eso os pido. Y ahora, por favor, cantadme algo para que me duerma contento. ¡Ah!, y por 15 lo de la paga no os preocupéis, que os pagaré muy bien, mejor que si fuera rico".

"No penséis en eso, que ya me pagaréis cuando hayáis aprendido a tocar y a cantar. Y, ahora, escuchad esta cancioncilla". 20

Se acercó Loaysa aún más a la puerta, y empezó a cantar un romance de moda; tan contento y satisfecho se quedó el negro, que se durmió pensando en la manera de abrir la puerta.

En cuanto terminó su cancioncilla, el mozo 25

---

11  *Seca la garganta ni se gruñe ni se canta: refrán que indica que si no se bebe, no se puede estar ni enfadado ni contento.*

corrió a contar a sus amigos la conversación con el negro y a ver la manera de conseguir los instrumentos que necesitaba.

Mientras tanto, el negro, con mucho cuidado, hizo el agujero, cubriéndolo de tal manera que era casi imposible verlo.

La segunda noche le dio Loaysa los instrumentos al negro, y, éste, casi sin esfuerzo, arrancó los clavos, cayendo la chapa de la cerradura en sus manos. Cuando finalizó, abrió la puerta a su maestro, y al verlo con las dos muletas y tan andrajoso, se quedó asombrado.

El mozo le dio un abrazo y le entregó una gran bota de vino, dulces y conservas. Transcurridos unos momentos, dejó las muletas a un lado y se puso a cantar y a bailar. El negro, por su parte, se *quedó boquiabierto*[12] al ver lo que sucedía.

"Sabed hermano Luis" –dijo Loaysa– "que mi cojera* y pobreza no vienen de ninguna enfermedad, sino que lo hago con malicia, para pedir por amor de Dios a la gente rica y piadosa. Y así, entre la caridad y la música, me paso la mejor vida del mundo".

"Me parece muy bien" –respondió el negro– "pero coloquemos de nuevo la chapa de la puer-

---

12 *Quedarse boquiabierto: quedarse sorprendido y admirado al ver algo.*

ta en su sitio, para que no parezca que se ha tocado".

"¡Tienes razón!" –respondió contentísimo el mozo al ver que todo iba saliéndole como pensaba.

Sacó Loaysa unos clavos nuevos de las alforjas* y los fijaron a la cerradura, de modo que pareciese que estaba tan bien como antes. Una vez tranquilos, se sentaron sobre la paja; encendieron una vela y, sacando la guitarra, empezaron a tocar y a cantar inmediatamente. Mientras el mozo tocaba, le iba dando vino y más vino al negro; éste encontrándolo tan rico, no dejaba de beber, mientras lo *miraba embobado*[13].

Al cabo de un tiempo, ordenó Loaysa que cogiera Luis la guitarra y, como ya estaba borracho, se puso a cantar y a tocar sin saber ni lo que hacía, pero el mozo le hacía creer que ya estaba aprendiendo, y él se lo creía. Así transcurrió toda la noche, tocando el negro la guitarra de forma destemplada y sin las cuerdas necesarias.

Durmieron lo poco que de la noche les quedaba; hacia las seis de la mañana, bajó Carrizales y abrió la puerta del patio interior y también la de la calle y estuvo esperando al tendero, quien

---

13   *Mirar embobado: mirar fijamente con asombro y admiración, con la boca entreabierta.*

al poco tiempo apareció y colocó los alimentos en el torno. Hecho esto, llamó el viejo al negro ordenándole que cogiera cebada* para la mula y su ración de comida. Obedeció el esclavo y,
5 cuando acabó, salió de su casa el viejo Carrizales dejando cerradas ambas puertas, pero sin darse cuenta de lo que se había hecho en la cerradura, por lo que maestro y discípulo se pusieron contentísimos.

10 Apenas salió el amo de su casa, cogió el negro la guitarra y empezó a cantar y a tocar tan fuerte que todas las criadas lo oyeron y a través del torno le preguntaron:

"¿Qué es eso Luis? ¿Desde cuándo tienes gui-
15 tarra y quién te la ha dado?".

"Que, ¿quién me la ha dado? ¡El mejor músico del mundo! Aquél que me ha de enseñar más de seis mil sonidos en menos de seis días".

"Y, ¿dónde está ese músico?" –preguntó la
20 dueña[14].

"No está muy lejos de aquí, y si no fuera por la vergüenza y temor que tengo de mi señor, ahora mismo os lo enseñaría, para que os contentarais al verlo".

---

14 *Dueña: mujer mayor, casi siempre viuda, que en las casas nobles, vigilaba a la servidumbre y acompañaba a la señora; en este caso era soltera y virgen. También se ha denominado ama de llaves.*

*"¡Déjate de pamplinas!*[15], y dinos dónde puede ponerse él para que nosotras lo veamos" – respondió la dueña– pues en esta casa jamás entró otro hombre que no fuera nuestro amo.

"¡No tan deprisa!, que no quiero contaros nada hasta que escuchéis lo que me ha enseñado en el poco tiempo que hemos estado juntos".

"¡No entiendo nada!" –respondió la dueña– "que como no sea un demonio el que te enseña, es imposible que alguien pueda aprender música en tan poco tiempo".

"Pues algún día lo oiréis y lo veréis con vuestro propios ojos".

"¡Eso no puede ser!" –intervino una doncella– "puesto que no tenemos ventanas a la calle para oír ni ver a nadie".

El negro, que cada vez estaba más contento y seguro de sí mismo, respondió:

"¡Poco importa eso!, que todo tiene remedio en esta vida menos la muerte, pero sobre todo, si sabéis y queréis callar".

"¡Claro que callaremos!" –respondió rápidamente una de las esclavas– "más que si fuésemos mudas, pues te prometo amigo, que me muero por oír una buena voz. Que aquí, entre estas paredes tan altas, no llega ni el canto de

---

15  *Dejarse de pamplinas: dejarse de ñoñerías, de tonterías.*

los pájaros".

Loaysa estaba cada vez más contento al oír esta conversación y se alegraba de su buena suerte, pero por el momento creyó más oportuno no intervenir.

Se despidieron las criadas del negro, y éste les prometió que pronto iban a escuchar una nueva voz, pero que se fuera cada una a su tarea porque pronto volvería el amo.

Durante el resto del día, ninguno de los dos tocó la guitarra ni cantó por miedo a que los oyera Carrizales, quien al poco tiempo había vuelto de la calle y andaba por la casa. Pero, por la tarde, cuando una de las negras se acercó al torno para pasarle algo de comida a Luis, éste le prometió que aquella misma noche bajasen todas y se colocaran cerca del torno, pues iban a oír la nueva voz que les había prometido.

Antes, el pobre negro le había rogado a Loaysa que, por favor, cantase esa noche para que lo oyesen las criadas, que se *morían de ganas*[16]. Algo *se hizo de rogar*[17] el maestro; pero, al fin, le dijo a su discípulo que le haría caso por darle gusto; aunque por dentro se moría de contento.

El negro, agradecido por tan gran favor, lo

---

16 *Morirse de ganas: tener muchísimos deseos de conseguir algo.*
17 *Hacerse de rogar: mostrar desinterés aunque finalmente se acceda a la petición.*

agasajó* y le dio de comer de maravilla, de modo que Loaysa estaba feliz y satisfecho.

Transcurrió el día tranquilamente y, en mitad de la noche, empezaron a oírse cuchicheos* alrededor del torno; cuando estuvieron todas dispuestas, le pidió 5 Luis al maestro que bajara del pajar. El mozo por su parte, ya tenía dispuesta y preparada la guitarra.

Preguntó el negro que quiénes y cuántas eran las que escuchaban y le respondieron que todas menos su señora, que se encontraba durmiendo 10 con su señor marido.

No esperaba esto el mozo, que se puso triste, pero pensó que era mejor contentar a su discípulo y a las criadas, porque luego se lo harían saber. Así que, tal y como prometió, se puso a 15 cantar y a tañer, dejando a todas admiradas.

No quedó moza ni vieja que de tanto bailar no *acabara reventada*[18]; todo ello con mucho cuidado, poniendo centinelas y espías por si el viejo despertaba. Enseguida, empezaron a preguntar 20 que quién era el que tan bien cantaba y el negro les respondió que era el hombre más galán* y gentil de todos los pobres de Sevilla.

Como ellas querían *a toda costa*[19] verlo, intervino Loaysa diciendo que eso era fácil, pues con 25

---

18  *Acabar reventado: terminar muy cansado.*
19  *A toda costa: por encima de todo, a cualquier precio.*

hacer un pequeño agujero en el torno y luego taparlo con cera, nadie se daría cuenta y podrían verlo cuando quisieran.

Ellas estaban cada vez más excitadas y contentas con la idea, y le pidieron que se quedara durante quince días que, por su parte, ellas se encargarían de regalarle cosas y de tratarlo bien con respecto a la comida; él les respondió que lo intentaría.

Habló tan bien el mozo, que todas quedaron encantadas, y le prometieron que, si a la noche siguiente bajaba él de nuevo a cantar, ellas se encargarían de que viniese su señora para que también disfrutara de la música. Sin embargo, le advirtieron que estaban temerosas por el sueño tan ligero que tenía su señor, que *estaba* siempre *al acecho*[20], por los celos que tenía.

Loaysa les respondió que, para que nadie se preocupase y que todas pudiesen cantar y bailar sin sobresalto, él tenía unos polvos que, cuando se echaban en el vino, dejaban a cualquiera *dormido como un tronco*[21].

"¡Jesús, qué maravilla!" –respondió una doncella. "Esos polvos darán a nuestro señor el sue-

---

20  *Estar al acecho: estar vigilando o esperando a que suceda algo.*
21  *Dormir como un tronco: dormir profundamente.*

ño, y a nosotras la vida, sobre todo a nuestra señora, que *no* la *deja ni a sol ni a sombra*[22], ni la
pierde de vista un solo momento. Yo misma me
ofrezco a mezclar esos polvos en el vino y a ser-
5  vírselo, y ¡ojalá que duerma el viejo tres días con
sus noches!, durante ellos estaríamos como en
la gloria".

"¡Pues yo os lo traeré!" –respondió Loaysa–
"y no os preocupéis, que no hacen ningún daño
10  a quien los toma, solamente le producen un sueño pesadísimo".

Quedaron pues en hacer un agujero en el torno y en que a la noche siguiente vendría su señora a verlos y a escucharlos; también le roga-
15  ron al mozo que no olvidase los polvos
prometidos y que los trajese cuanto antes.

Hablando y hablando, vieron que amanecía y
se despidieron todos, tan contentos. Cuando se
quedaron solos maestro y discípulo, éste le pidió
20  que aún quedaba algo de tiempo para que le
diera clases y, mientras le enseñaba, Loaysa le
hacía creer que era el mejor alumno del mundo.
El negro estaba encantado aunque, en realidad,
apenas sabía coger la guitarra.

---

22  *No dejar ni a sol ni a sombra: permanecer junto a alguien a todas
horas y en cualquier sitio.*

Andaban los amigos de Loaysa rondando cerca de la puerta de la casa del viejo extremeño, por si acaso tuviera el mozo algún problema o necesidad. Éste les hizo la señal que tenían concertada y les pidió que le buscasen algún producto que provocase un profundo sueño a Carrizales. Ellos le respondieron que tenían un médico amigo y que, en cuanto lo consiguiesen, se lo entregarían.

Vino la noche y la bandada* de palomas acudió al reclamo de la guitarra. Vino con ellas Leonora, temerosa y temblando de miedo por si su marido se despertaba, pues, aunque al principio ella no quería acudir, tantas cosas buenas le dijo la dueña del músico, que, al final, no pudo resistir la tentación.

Durante el día habían hecho un agujero en el torno, para así poder contemplar al mozo. Éste ya se había cambiado los andrajos por ropa fina y rica, de color oro y blanco, adornada con ricos encajes alrededor del cuello. La había traido guardada en las alforjas, por si acaso tenía ocasión de ponérsela.

Como el músico era guapo, joven y de buena planta y como, por otra parte, las mujeres llevaban mucho tiempo viendo como único hombre a su viejo amo, se quedaron todas embelesadas, como si contemplaran a un ángel.

Iban en silencio, guardando cola en el torno y, una a una, lo miraban por el agujero. Después de que todas lo vieron, Loaysa tomó la guitarra
5 y cantó tan bien que todas se quedaron maravilladas. Cuando terminó de cantar, las criadas empezaron a suplicarle a Luis que pensaran él y su maestro en la manera de entrar dentro de la casa, pues querían verlo de cerca y poder tocar-
10 lo y que, además, todos estarían más tranquilos dentro, no tan apartadas de su señor y temerosas de que las sorprendiera.

Pero la inocente Leonora respondió que era mejor que el músico se quedase tras el torno,
15 pues desde allí lo podían ver y oír y su honra* quedaba a salvo.

"¿De qué honra habla?" –respondió la dueña– "¡Quédese usted, señora, encerrada con su *Matusalén*[23], y déjenos a nosotras disfrutar del
20 mozo!. Además tiene pinta de honrado y nada querrá de nosotras, sino aquello que nosotras mismas queramos darle".

"Yo, señoras mías", –intervino Loaysa– "he venido hasta aquí nada más que para servirlas
25 con el alma y la vida, pues me da pena verlas en

---

23  *Matusalén: patriarca hebreo que, según el Génesis, murió a los novecientos sesenta y nueve años.*

esta clausura. Hombre soy, pero tan obediente y sencillo que no haré más que aquello que se me mande, igual que si fuera un perro".

"Si promete usted que así ha de comportarse," –dijo la inocente Leonora– "habrá que hacer algo para que el señor maestro entre dentro". 5

"Intenten ustedes sacar una copia de la llave, poniéndola sobre cera blanda, que yo inmediatamente mandaré hacer copia de ella y estará 10 dispuesta para mañana por la noche".

A esta idea del mozo contestó una doncella: "¡Si conseguimos sacar copia de esa llave, tendremos las de toda la casa, pues es una llave maestra!". 15

"¡Es verdad!" –respondió Leonora– "pero antes tendrá que jurar este señor que no hará otra cosa sino cantar y tocar la guitarra cuando se lo mandemos y que, mientras tanto, se quedará callado y quieto allí donde lo pongamos". 20

"¡Sí juro!" –dijo rápidamente Loaysa.

"No vale para nada ese juramento", –respondió Leonora–. "Debe jurar por su padre, y con la cruz delante; después la besará".

"Por vida de mi padre juro y hago la señal de 25 la cruz y la beso con mi boca", –dijo solemnemente el mozo mientras hacía la señal de la cruz y la besaba tres veces.

Ya el alba se acercaba y tenían que despedirse; pero antes, una doncella recordó al maestro que, por favor, no se olvidase de conseguir los polvos cuanto antes. Todos quedaron muy contentos de los planes previstos y, con estos buenos propósitos, se separaron.

Cuando Loaysa se quedó solo, se acercaron sus amigos, que andaban rondando la puerta, y éste les contó todos sus planes y les pidió que trajesen cuanto antes los polvos y que fueran preparando lo necesario para sacar copia de una llave.

Los amigos le contestaron que los polvos estarían dispuestos para la noche siguiente y que tendrían que untar* al viejo las sienes* y las muñecas con ellos. También le dijeron que eran muy buenos, pues causaban un sueño profundo, al menos durante dos horas; y, si por casualidad no se despertaba, que le frotasen en los mismos sitios con vinagre, que enseguida abriría los ojos.

Por último añadieron que era muy fácil hacer una copia de la llave y que, en cuanto se la entregase, todo iría rápido y veloz.

Transcurrió el día como el anterior, el negro y su maestro en silencio; cuando llegó la noche, acudieron todas las mujeres al torno. Todas, menos Leonora, que se encontraba encerrada en el dormitorio con el viejo, el cual había echado el cerrojo como de costumbre y guardado la llave bajo la almohada.

Ella esperaba con impaciencia a que el viejo se durmiese para sacar con muchísimo cuidado 5 la llave de debajo de la almohada. A su lado tenía la cera blanda preparada, para hacer la copia.

Mientras tanto Loaysa, que estaba a punto de empezar a cantar, oyó la señal de sus amigos, 10 quienes le entregaron los polvos tan esperados. El mozo les rogó que no se fueran todavía, pues enseguida esperaba darles el molde en cera de la llave maestra.

Se fue de nuevo hasta el torno y le dio a la 15 dueña los polvos para que ella se los diera a su ama, que seguía encerrada en el dormitorio.

A través de la gatera*, la dueña explicó todo a Leonora y le entregó los polvos. Ésta le respondió que la llave no estaba debajo de la almo- 20 hada, sino entre los dos colchones, justo debajo del cuerpo de Carrizales, pero que no hacía falta sacar copia, porque si los polvos eran tan eficaces como el maestro de música decía, ella metería y sacaría las llaves cuantas veces fuera 25 necesario.

De nuevo la dueña transmitió el mensaje a Loaysa y él, obedeciendo, se acercó al quicio de la puerta y despidió a sus amigos sin entregarles la copia en cera.

Temblando y despacito, sin atreverse casi a respirar, le untó Leonora a su marido las muñe-
5 cas y las fosas nasales con los polvos y, después las otras partes del cuerpo que le habían dicho, de manera que parecía que lo estaba embalsamando*.

Al poco tiempo el ungüento* *dio señales de su*
10 *virtud*[24], porque el viejo comenzó a dar tales ronquidos que se oían hasta en la calle. A su mujer, en cambio, le sonaban como música celestial. Ella esperó un poquito y después empezó a menearlo cada vez con más fuerza, hasta que le
15 dio la vuelta sin que el otro se enterase. Tan contenta estaba que se fue corriendo hasta la gatera a decirle a la dueña, que la estaba esperando:

"¡Alégrate ama! que Carrizales duerme más
20 que un muerto".

"Pues, ¿a qué esperas para darme la llave?, todas aguardamos desde hace más de una hora".

"Espera, que ya voy por ella".

Volviendo a la cama, metió la mano entre los
25 colchones y sacó la llave; salió y empezaron las dos a dar brincos de contento. Luego se la en-

---

24 *Dar señales de su virtud: demostrar su buena calidad.*

tregó a la dueña y le ordenó que trajese al músico a los corredores, que ella se quedaba allí por si acaso se despertaba, pero que antes de abrirle la puerta le hiciese jurar de nuevo lo que ya había jurado y que, si no lo hiciera, no lo dejase entrar.

"Así lo haré", –dijo la dueña.

"Pues corre, y que jure, que así estaremos todas seguras y le oiremos cantar y tocar la guitarra hasta que nos cansemos".

Cuando la dueña llegó con las llaves hasta el torno todas gritaron: "¡Viva! ¡Viva!".

"¡Ea pues, amiga!" –dijo una de las doncellas– "¡abre la puerta y que entre ese señor, que bien nos divertiremos con su música!".

"Pero, antes, tiene que volver a repetir el juramento de la otra noche".

Quería Loaysa entrar corriendo y dejarse de tanto juramento, pero deteniéndole la dueña, le habló así:

"Sepa usted, señor, que por Dios y mi conciencia hablo, que todas las que estamos detrás de estas puertas somos doncellas, excepto mi señora; y yo, aunque parezca que tengo cuarenta años, en realidad tengo treinta, también lo soy. Y a ver si de tanto cantar y bailar, y de lo que después viniere, vamos a perder todas la virginidad, que incluso esta negra que aquí veis, y que se llama Guiomar, también lo es. Así que, si usted tiene verdaderamente buena intención, poco o nada ha de importarle el volver a jurar".

La negra Guiomar *dijo entre dientes*[25]: "Por mucho que jure este señor, en cuanto entre, todo se olvidará".

Viendo el mozo lo pesadas que se ponían todas con el juramento, decidió poner cara de bueno y, con voz grave, habló así:

"Para que todas estén seguras de mis buenas intenciones, determino jurar como católico y buen varón que solamente haré lo que ustedes me manden, sin salirme para nada del juramento, de modo que si hiciese otra cosa, desde ahora lo doy por nulo, no hecho, ni valedero".

Una de las doncellas, enternecida ante tanta palabrería, dio una gran voz diciendo: "¡Éste sí que es un juramento para enternecer a las piedras!" y, cogiéndole por los calzones, lo metió dentro, y, todas entusiasmadas, lo rodearon, y una de ellas le fue a decir a su señora que ya estaba dentro.Leonora se turbó y se alegró, pero cuando se enteró de que había jurado de nuevo, dijo llena de gozo:

"¡Qué bien que hice en hacerle jurar, ya no corremos peligro alguno!".

---

25  *Decir entre dientes: hablar en voz muy baja, apenas audible.*

En esto llegó el séquito alumbrado por el negro y Guiomar. Cuando Loaysa vio a Leonora, se arrodilló y quiso besarle las manos. Ella, callada y por señas, le hizo levantar y nadie se atrevía a decir nada por si se despertaba el amo, pero el mozo las tranquilizó diciéndoles:

"Pueden ustedes hablar y gritar, que Carrizales no se moverá".

"Así lo creo yo, pues lo dejé roncando como un animal, que si no fuera por el maravilloso ungüento, ya se habría despertado más de veinte veces, por el sueño tan ligero que tiene, a causa de sus muchas indisposiciones".

"Pues, si es así, vayamos todos a aquella sala a cantar y a bailar", –dijo la dueña.

"¡Vamos a divertirnos!" –respondió Leonora– "pero que se quede la negra Guiomar vigilando por si acaso se despierta".

"Yo, como soy negra, me quedo" –respondió Guiomar– "y las blancas, en cambio, se van, ¡qué Dios las perdone!".

Se fueron todas a la sala y se sentaron alrededor del mozo. Una doncella encendió una vela y, acercándose a él, decía:

"¡Pero qué cabellos tan lindos y rizados tiene!".

A lo que otra respondía: "¡Y qué dientes tan blancos!"

Y otra añadía: "¡Pero qué ojos tan grandes y rasgados, y, además, son verdes como las esmeraldas!".

Una admiraba la boca, otra los pies, y todas juntas le iban alabando todas las partes del cuerpo.

Sólo Leonora callaba y miraba, pareciéndole que tenía mejor talle* que su marido. En esto, la dueña tomó la guitarra que tenía el negro entre las manos y se la dio a Loaysa, y todas le rogaron que tocase y cantase unas coplillas que estaban de moda en Sevilla y que llevan por título: "Madre, la mi madre, guardias me ponéis". El mozo cumplió el deseo de la dueña, y ésta, que sabía la letra de la canción de memoria, empezó a cantar con gusto, mientras las demás se ponían a bailar como locas. Y todas repetían el estribillo* diciendo:

> Madre, la mi madre,
> guardias me ponéis.
> Que si yo no me guardo,
> no me guardaréis.

Estaban ya terminando el baile, cuando llegó la negra Guiomar. Muy asustada y con voz ronca y grave empezó a decir: "¡Despierto está el señor, señora; despierto está, y ya se levanta y viene!"

Como una bandada de palomas, cuando oye

los disparos del cazador, corrieron todas a esconderse por los desvanes* y rincones de la casa, dejando solo al músico, el cual, soltando la guitarra, lleno de turbación, se quedó quieto, sin saber qué hacer. 5

Leonora, por su parte, muerta de miedo y sin ni siquiera moverse, retorcía sus blancas manos. ¡En fin!, todo era confusión y sobresalto. Pero la dueña, más vieja y con más experiencia que ninguna, le dijo a Loaysa que se escondiera en 10 su cuarto y que ella y su señora se quedarían en la sala esperando al amo, que alguna excusa le darían. Se escondió pues el mozo, y la dueña, entonces, se puso a escuchar y, al no oír ningún ruido, fue recobrando el ánimo y empezó a caminar hacia el dormitorio. Se asomó y vio que 15 dormía como un tronco, así que, muy contenta, se alzó las faldas y fue corriendo a contarle a su señora lo que había visto.

La dueña le dijo a su señora que esperase en 20 la sala, pues tenía intención de ser la primera en disfrutar de las gracias del mozo, que ella hablaría con Loaysa. Entró en su cuarto y lo encontró escondido y asustado, maldiciendo a sus amigos por la breve duración del ungüento. Ella, acer- 25 cándose hasta él, lo tranquilizó y le dijo que el viejo dormía como un tronco y que no se preocupase por nada.

41

A todo esto, las criadas, que estaban escondidas, al ver que no ocurría nada, fueron una a una saliendo de sus escondites y se iban acercando a la puerta donde los dos hablaban, y, acercando los oídos, todas pudieron oír el trato que hacían: Que la dueña entregaría a su señora en brazos de Loaysa, a condición de que después el mozo cumpliera con los deseos de la dueña. En esto quedaron, y todas las criadas la insultaban en voz baja, sobre todo la negra Guiomar, que, al ser portuguesa, utilizaba un lenguaje peculiar.

Enseguida, salió la dueña y les dijo a todas las criadas que se fueran a dormir, y ellas obedecieron *a regañadientes*[26], pues bien eran conocidas sus verdaderas intenciones, pero tenían órdenes del amo de seguir los mandatos de la dueña, así que fueron, poco a poco, desapareciendo.

En cuanto se fueron las criadas, se acercó hasta su señora y empezó a contarle tales maravillas del mozo, que la joven, lentamente, iba cediendo. Le explicó cómo serían los abrazos del amante mozo, comparados con los de su viejo marido, y otras muchas cosas más.

¡En fin!, tanto habló la dueña, tanto discurso le soltó, que la convenció. Tomó por la fuerza la

---

26   *A regañadientes: de mala gana, a disgusto, con pesar.*

mano de Leonora y, entre lágrimas, la condujo hasta Loaysa, que la estaba esperando. Salió la dueña de su habitación y, cansada como estaba de las noches pasadas, se quedó dormida en la sala. 5

¡De qué le sirvieron a Carrizales los altos muros, las gruesas paredes, la falta absoluta de varón, las ventanas tapiadas, el estrecho torno, el encerramiento de las mujeres, la gran fortuna con que dotó a Leonora, los regalos que conti- 10 nuamente le hacía, lo bien que trataba a todas! La astucia* de un mozo holgazán y vicioso, y la malicia de una falsa dueña, unidos a la inocencia de una pobre niña, habían podido con todo.

Pero, a pesar de todo, Leonora no estaba con- 15 vencida del todo y, durante el resto de la noche, no hizo otra cosa que defenderse del músico engañador, hasta que, agotados, se durmieron los dos. Ella cansada y vencedora de su honra, y él agotado y rendido *en balde*[27]. 20

A todo esto, Carrizales, a pesar del ungüento, se despertó y, como de costumbre, palpó la cama por todas partes. Saltó de su cama despavorido y atónito, pues ni notaba ni veía a su esposa. Vio la puerta de su cuarto abierta, buscó la 25 llave pero no la encontró. Tomó aliento, pues

---

27  *En balde: en vano, para nada.*

creía que iba a perder el juicio y, a pesar de todo, en silencio, recorrió el pasillo y llegó hasta la sala. Allí estaba la dueña que, dormida, esperaba su turno. Siguió Carrizales avanzando, abrió la puerta del aposento y allí vio lo que nunca debía haber visto: A Leonora en brazos de Loaysa, *durmiendo* los dos *a pierna suelta*[28], de modo que parecía que alguien les había puesto el ungüento.

Carrizales se quedó sin pulso y sin voz, se le cayeron los brazos, y se quedó paralizado como una estatua de mármol. Tanto dolor sentía, que ni siquiera tenía fuerzas para enfadarse. Como tampoco tenía arma con que vengarse, tomó la decisión de irse a su cuarto para coger una daga* y, cuando llegó, sintió un dolor tan profundo que perdió la vista y, medio desmayado, se echó de nuevo en la cama.

En esto llegó el día, pero los jóvenes adúlteros seguían entrelazados y dormidos. Se despertó la dueña, que despertó a Leonora y, viendo tan entrado el día, con pasos apresurados, fueron hasta donde el esposo estaba, rogando para que siguiese roncando. Cuando lo vieron que seguía encima de la cama, se abrazaron las dos, pues creían que todavía dormía. Entonces lo

---

28    *Dormir a pierna suelta: dormir profundamente.*

movió Leonora para ver si despertaba sin necesidad de ponerle vinagre y, con el meneo, volvió el viejo de su desmayo y, dando un profundo suspiro, con voz de ultratumba, dijo:

5 "¡Desdichado de mí, cómo ha acabado mi suerte!"

No entendió bien Leonora lo que su esposo acababa de decir, más viéndole despierto y que hablaba, lo abrazó y, acercando su rostro al del 10 esposo, le dijo:

"¿Qué tenéis, señor mío?. Parece que os estáis quejando"

Oyó Carrizales la voz de su dulce enemiga, la miró fijamente y, sin tan siquiera mover los ojos, 15 le dijo:

"Hacedme el favor, señora, de mandar a alguien que traiga a vuestros padres, pues siento una gran opresión en el pecho, que tengo miedo a morir y quisiera verlos antes de que esto pu-20 diera suceder".

Leonora, al ver que su marido hablaba en serio, creyó que era a causa del ungüento y no de lo que había visto. Así pues, siguiendo su mandato, mandó inmediatamente al negro en busca 25 de sus padres. Después se abrazó a su esposo y, haciéndole tiernas caricias, le preguntaba qué era lo que sentía, y lo decía con tan suaves y dulces palabras que parecía que no amaba a ningún otro. Él la miraba embelesado, pero cada una de sus palabras le atravesaban el corazón.

La dueña transmitió a Loaysa y a las criadas la enfermedad de su amo y, en silencio, todas se quedaron preocupadas. Miraban con descon- 5 fianza la puerta de la calle abierta y se preguntaban la causa por la que el negro había ido en busca de los padres de su señora, cosa que nunca antes había ocurrido. Todos andaban callados y a la expectativa*, sin saber por qué se ha- 10 bía puesto tan enfermo el amo, el cual suspiraba tan profunda y dolorosamente que cada suspiro les *partía el alma*[29].

Lloraba Leonora al verlo así y se reía él, ya fuera de sí, por la falsedad de las lágrimas de su 15 esposa.

Por fin, llegaron los padres de la joven y se quedaron sobresaltados al ver la casa tan abierta y el silencio que en ella reinaba. Llegaron hasta el cuarto de su yerno, que continuaba mi- 20 rando fijamente a su esposa, a la que tenía cogida de la mano, y los dos derramaban muchas lágrimas. Cuando Carrizales los vio se incorporó como pudo y habló así:

"Siéntense aquí ustedes y que se vayan todos, 25 menos mi esposa y la dueña".

---

29   *Partir el alma: estar desconsolado, muy triste.*

Cuando se quedaron los cinco solos, continuó hablando:

"Estoy seguro de que no serán necesarios los testigos para que crean lo que voy a decirles:
5 Recordaréis, supongo, con cuánto amor y buenas intenciones me entregasteis, hoy hace un año, un mes, cinco días y nueve horas, a vuestra querida hija, para convertirla en mi legítima mujer. También recordaréis lo generoso que fui en 10 la dote y el interés que puse en vestirla y adornarla con todo aquello que ella deseó y a mí me pareció bien. Tampoco se os olvidará cómo guardé esta joya que yo escogí y vosotros me disteis, rodeada siempre del mayor recato posible: 15 Alcé las murallas de esta casa, quité la vista a las ventanas de la calle, doblé las cerraduras de las puertas, puse un torno como si mi casa fuera un convento. Rodeé a mi joven esposa de criadas y esclavas para que la sirvieran y a ninguna de 20 ellas negué lo que quiso pedirme. La consideré como mi igual, le conté mis secretos, le entregué mi hacienda*".

Dio un largo suspiro y, tomando fuerzas, continuó:

25 "Todas las obras que hice en la casa las hice para gozar yo de ella, sin ningún sobresalto, y para que ella no me diera ocasión de que yo sintiera celos. Pero poco puede hacer el hombre si

la voluntad divina quiere castigar a quien no ha puesto todas las esperanzas en ella. Así que yo mismo fabriqué el veneno que iba a quitarme la vida".

"Pero dejémonos ya de preámbulos*. Añadiré únicamente, señores, que todo lo que he dicho y hecho sólo ha servido para que esta madrugada me encontrara a ésta, nacida en el mundo para perdición de mi felicidad, en los brazos de un apuesto mozo, que ahora está encerrado en la habitación de esta maldita dueña".

Terminó de decir estas palabras Carrizales, cuando Leonora, impresionada por lo que acababa de oír, cayó desmayada en las mismas rodillas de su marido. La dueña, por su parte, perdió el color y a los padres de Leonora se les puso un nudo en la garganta que no les dejó pronunciar una sola palabra.

Miró Carrizales lo que a su alrededor ocurría y continuó así:

"No pienso vengar mi honra, como haría cualquiera en mi lugar, pues pienso que yo soy el más culpable de este delito. Yo fui quien, igual que un gusano de seda, me fabriqué la casa donde he de morir. A ti no te culpo, ¡oh niña mal aconsejada!" –y, diciendo esto, se inclinó y besó el rostro de su esposa, que seguía desmayada– "no te culpo, porque los malos consejos de las

malas dueñas y los requiebros de los mozos ena-
morados fácilmente triunfan en el poco ingenio
de una niña. Mas, para que todo el mundo vea
mi buena fe y todo lo que te quise, en estos úl-
5  timos momentos, quiero que mi manera de
obrar sirva de ejemplo, no de mi bondad, sino de
la simplicidad con que actúo, quiero que me
traigan un escribano para hacer de nuevo mi
testamento".

10  Suspiraron los que allí estaban, mientras Carrizales continuaba:

"Le mandaré doblar la dote de Leonora y le
rogaré que, después de mis días, que serán bien
pocos, sea libre de hacer lo que quiera, como si
15  quiere casarse con el mozo que ahí está. Y que
sepa que, si cuando yo vivía, le di siempre gusto, en la muerte hago lo mismo. El resto de mis
posesiones lo mandaré a obras piadosas y, a vosotros, señores míos, os dejaré para que podáis
20  vivir honradamente el resto de vuestros días".

Dicho esto, se desmayó, cayendo su rostro junto
al de Leonora, que aún no había recobrado el conocimiento.

¡Qué espectáculo tan triste y extraño para los
25  padres! Miraban callados a su querida hija y a
su querido yerno.

No quiso la malvada dueña esperar las represa-
lias* que con ella tomarían, así que salió del cuarto

y se fue hasta Loaysa, a contarle todo lo que había pasado. Le aconsejó que se fuera de la casa inmediatamente y que ella le informaría de todo lo que fuera sucediendo, a través del negro, pues ya no había puertas ni ventanas que lo impidieran. Creyó el mozo que era conveniente seguir este consejo; así que, vistiéndose de nuevo como el pobre mendigo que antes era, se fue en busca de sus amigos para contarles el extraño suceso de sus amores.

Seguían los dos esposos desmayados y el padre de Leonora mandó llamar a un escribano amigo suyo y, cuando llegó, ya los dos habían recobrado el conocimiento.

Hizo Carrizales testamento, tal y como antes había dicho, sin declarar lo que Leonora había hecho. En él le rogaba que se casara, si acaso él muriese, con el mozo que le había dicho en secreto. Cuando oyó esto la joven, se arrojó a los pies de su marido y, con gran emoción, le dijo:

"¡Vivid muchos años, mi señor y todo mi bien! y, aunque no os lo creáis, quiero que sepáis que no os he engañado más que con el pensamiento y, disculpándose ante todos, empezó a contar la verdad de todo lo que había sucedido, pero, a causa de la emoción, quedó enseguida muda y volvió a desmayarse. Sus padres y el viejo, conmovidos, se pusieron a abrazarla y todos lloraban amargamente.

Salió el escribano y dejó libres a las esclavas y

al negro. Después mandó el salario a la dueña, despidiéndola sin darle ninguna explicación.

Y, a pesar de todas las confesiones, arrepentimientos y cuidados, a los siete días, el dolor llevó a la sepultura a Carrizales.

Quedó Leonora viuda, llorosa y rica. Loaysa, informado de todo, esperaba con impaciencia que cumpliera lo que Carrizales había rogado en el testamento. Pasaron otros siete días y Leonora tomó la decisión de meterse monja en uno de los conventos más recogidos de la ciudad. El mozo, que no esperaba esto, avergonzado, se marchó a las Indias. Se quedaron los padre tristísimos, aunque se consolaban con el dinero que les había dejado Carrizales. Con lo mismo se consolaron las criadas y con la libertad, las esclavas. La malvada dueña se quedó pobre y defraudada* en sus malos pensamientos con el músico.

\*\*\*

Y yo he contado este suceso para que sirva como ejemplo de lo poco que hay que fiarse de los tornos, llaves y paredes, cuando la voluntad queda libre y del mal que pueden hacer las malas dueñas a las jóvenes inexpertas.

Lo que no sé es por qué Leonora no puso más interés en disculparse de aquel suceso, pero la turbación le ató la lengua, y la prisa que se dio en morir el viejo, no dieron lugar a su disculpa.

# Ejercicios

1. ¿Cuántos años permaneció Felipe Carrizales en Colombia? ¿Qué edad tenía cuando salió de España?

2. Explique la frase: "Felipe añoraba los tiempos en que era pobre, pero al menos tenía un sueño tranquilo".

3. ¿Por qué quiso Carrizales tomar por esposa a una doncella joven y sin experiencia?

4. Explique los motivos por los que Felipe no se unió a su esposa nada más casarse.

5. ¿Cuándo salía Leonora de casa?

6. Escriba verdadero (V) o falso (F), al lado de las siguientes frases:
   a) Luis era un negro joven y eunuco. ☐
   b) Loaysa enseñó a Luis a tocar la guitarra. ☐
   c) A Luis le gustaba el vino. ☐
   d) Luis se quedó boquiabierto cuando Loaysa tiró las muletas. ☐

7. ¿Dónde guardaba Carrizales la llave maestra? ¿Qué hizo Leonora para conseguirla?

8. El juramento solemne que hace Loaysa a la dueña antes de entrar en la casa, ¿es verdadero o falso? ¿En qué se contradice?

   Escríbalo de manera que resulte válido:

9. Explique brevemente los planes que tenía la dueña con respecto al mozo.

10. Carrizales, sabiendo que va a morir, se comporta bondadosamente con su esposa y criadas. Escriba cuatro frases que muestren esta bondad.

a)

b)

c)

d)

*B) DE GRAMÁTICA*

1. Transforme las palabras subrayadas en adverbios de modo. Fíjese en el ejemplo.
Ej.: Carrizales obró con bondad. Carrizales obró bondadosamente.

a)   Leonora habló con seriedad.

b)   El mozo cantó con alegría.

c)   Murió con amargura.

d)   Felipe no obró por venganza.

e)   Se inclinó sobre la cama con dulzura.

f)   El mozo se fue con tristeza.

2. Transforme los verbos de este párrafo en Pretérito Pluscuamperfecto de Indicativo:

Compró una gran casa en el centro de la ciudad. Mandó cerrar todas las ventanas. Construyó en el portal de la calle un pequeño establo. Eligió a un viejo negro y eunuco. Levantó las paredes de las azoteas y vigiló su casa constantemente.

3. Basándose en la lectura, ponga los adjetivos en el grado de comparación adecuados. Elija entre:

más ..............que
tan ...........como
menos .........que

a) Leonora era ...... joven ...... su dueña.

b) Luis era ...... viejo ...... su amo.

c) Los padres de Leonora eran ...... ricos ...... Carrizales.

d) Luis era ...... listo ...... Loaysa.

4. Sustituya las palabras subrayadas por pronombres personales. Fíjese en el ejemplo:
Le dio una dote a Leonora. Se la dio.

a) Entregó la llave maestra al músico.

b) El sastre confeccionó ricos trajes para Leonora.

c) Los padres dieron a Leonora su bendición.

d) Comprendió sus palabras.

e) El mozo dio la guitarra al negro.

5. Transforme las siguientes oraciones en voz pasiva. Fíjese en el ejemplo:
El sastre probó el traje a una mujer. >El traje fue probado a una mujer por el sastre.

a) Carrizales compró una gran casa en. el centro de la ciudad.

b) La llave maestra abría todas las puertas de la casa.

c) La dueña recorrió el pasillo con mucho sigilo.

6. Subraye los adjetivos demostrativos con una línea; y los pronombres demostrativos con dos líneas.

   a) Ése era un hombre honrado.
   b) Ese hombre era honrado.
   c) Aquellos trajes fueron para Leonora, ésos para sus criadas.
   d) Este dinero para los pobres, ése para pagar a Hacienda, aquél para los gastos de la casa.

7. Ponga estas frases en forma interrogativa directa.
   Ej.: Creo que era muy rico; ¿Era muy rico?.

   a) Me parece que pasó muchos años en Colombia.

   b) Quisiera saber si Leonora era tan hermosa.

   c) No sé si la dueña huyó.

   d) Creo que Carrizales murió de pena.

8. Elija entre: **es, está, ha**, para completar estas frases.

   a) Su casa ...... en Sevilla.
   b) El mozo ...... muy astuto.
   c) Carrizales ...... muy celoso, por eso ...... prohibido a su mujer que visite a sus padres.
   d) ...... muy enfermo, por eso ...... llamado al escribano.
   e) Leonora ...... arrepentida.

9. Escriba el Participio de los verbos entre paréntesis.
   Ej.: La flota ha (desplegar) *desplegado* sus velas.

   a) Todas las mujeres han (prometer) ............ obedecerlo.
   b) Leonora nunca había (ver) ............ al sastre.
   c) El tendero había (poner) ............ los alimentos sobre el torno.
   d) La dueña había (contar) ............ a las demás la enfermedad de su amo.
   e) Carrizales había (hacer) ............ una llave maestra.

10. Elija entre: **porque**, **por qué**, **¿por qué?** y **por-qué**, para completar estas frases.

a) ¿ ............ era tan celoso?
b) No sé ........... era tan celoso.
c) Era tan celoso ............ desconfiaba de las mujeres.
d) Siempre desconocí el ............... de sus celos.

*C) DE LÉXICO*

1. ¿Qué sustantivos corresponden a estos verbos?

| | Verbo | Sustantivo |
|---|---|---|
| Ej. | prometer | promesa |
| | añorar | ........................... |
| | casarse | ........................... |
| | preocupar | ........................... |
| | pensar | ........................... |
| | elegir | ........................... |
| | jugar | ........................... |
| | conocer | ........................... |
| | esperar | ........................... |
| | morir | ........................... |

2. Sustituya las palabras subrayadas por sinónimos. Elija entre: tonterías, preparado, tempestad, perezosa, gandula.

a) En esto, se presentó una tormenta (.................) y Felipe tuvo que dejar sus propósitos.

b) Merodea por Sevilla gente holgazana (.................) y ociosa. (.................)

c) ¡Déjate de pamplinas! (.................)

d) Os prometo que de aquí a dos días tendréis todo dispuesto. (.................)

3. ¿Qué accesorios lleva puestos Leonora?

.....................        .....................
.....................        .....................
.....................        .....................
.....................        .....................

4. Transforme estas frases en lenguaje coloquial.

   a) Esta muchacha es hermosa, y por el tipo de casa en que habita, no debe de ser rica.

   b) El que tenga o no tenga dote, no debe preocuparme.

   c) Obrando así, reunió poco a poco la fortuna de ciento cincuenta mil pesos.

   d) Vino la noche, y la bandada de palomas acudió al reclamo de la guitarra.

   e) Ella no tenía otra voluntad que la de su señor.

5. Escriba los antónimos de:

   dormir          .........................
   gastar          .........................
   generoso        .........................
   mentiroso       .........................
   bondadoso       .........................
   holgazán        .........................

6. Estas frases son absurdas, escríbalas correctamente para que tengan sentido.

   a) Era tan ahorrativo que nunca tenía dinero.

   b) Por ser tan mal educado siempre decía gentilezas.

   c) Es muy ordenada, nunca encuentra nada.

   d) Era muy trabajador, por eso le sobraba tiempo para merodear por las casas.

7. Encuentre la palabra que no pertenece al grupo.

   a) navío, flota, barca, tren, piragua.

   b) noble, ilustre, aristócrata, plebeyo, caballero.

   c) joven, senil, mozo, adolescente, chaval.

   d) señora, criada, sirvienta, camarera, ama de llaves.

8. Subraye los adjetivos que definan a Loaysa. Loaysa era:

guapo

cojo                                    trabajador

    viejo

        holgazán

    listo                        joven

A continuación, complete la frase con el adjetivo adecuado.

a) Loaysa era ......... porque no trabajaba.
b) Loaysa era ......... y ........., por eso gustaba mucho a las mujeres.
c) Loaysa era ........., por eso engañó a Luis.


9. Escriba palabras derivadas añadiendo prefijos y sufijos a la raíz verbal.
Por ejemplo, pint-ar: pintura, despintar, pintada, pintor, etc...

a) pens-ar
b) anim-ar
c) jur-ar

10.Defina las siguientes palabras:

   a)  patria
   b)  fechoría
   c)  untar
   d)  cerrajero
   e)  talle

# Clave de los Ejercicios

*A) DE COMPRENSIÓN*

1. *Permaneció veinte años en Colombia.*
   *Tenía cuarenta y ocho años.*

2. *El exceso de dinero y no saber qué hacer con él le*
   *preocupaba. A causa de ello no podía dormir.*

3. *Para que no pudiera compararlo con otro hombre.*

4. *Porque antes quiso tener casa propia para vigi-*
   *larla e imponer sin problemas su voluntad.*

5. *Sólo salía para oír misa y era tan temprano que*
   *apenas veía las calles por las que pasaba.*

6. a) *Falso* (era viejo)
   b) *Falso* (se lo hizo creer, pero realmente
       no aprendió)
   c) *Verdadero*
   d) *Verdadero*

7. *A veces, debajo de su almohada, pero ésta vez la*
   *guardó debajo del colchón y en medio de la cama.*
   *Leonora le untó las sienes con un ungüento y es-*
   *peró a que roncara más de lo normal.*

8. *Es falso. Se contradice cuando afirma que si hiciese otra cosa diferente a lo que había jurado, que este juramento quedaría anulado. Por lo tanto es como si no jurara.*

   *Para que el juramento fuera verdadero, tendría que decir algo así:*

   *Para que todas estén seguras de mis buenas intenciones, determino de jurar como católico y buen varón que solamente haré lo que ustedes me manden, de modo que si hiciese otra cosa, aparezca ante los ojos de Dios y ante los vuestros, como indigno y pecador, y sea castigado con las penas del infierno.*

9. *La dueña tenía la intención de convencer a Leonora para que fuera seducida por Loaysa; y después, el mozo mantendría relaciones sexuales con ella.*

10. a)  *No pienso vengar mi honra, como haría cualquiera en mi lugar.*
    b)  *No te culpo porque los malos consejos de las malas dueñas y los requiebros de los mozos enamorados fácilmente triunfan en el poco ingenio de una niña.*
    c)  *Y que sepa que, si cuando yo vivía, le di siempre gusto, en la muerte hago lo mismo.*
    d)  *Que sea libre de hacer lo que quiera, como si quiere casarse con el mozo que ahí está.*

## B) DE GRAMÁTICA

1. a)  *seriamente*
   b)  *alegremente*
   c)  *amargamente*
   d)  *vengativamente*
   e)  *dulcemente*
   f)  *tristemente*

2. *Había comprado* una gran casa en el centro de la ciudad. *Había mandado* cerrar todas las ventanas. *Había construido* en el portal de la calle un pequeño establo. *Había elegido* a un viejo negro y eunuco. *Había levantado* las paredes de las azoteas y *había vigilado* su casa constantemente.

3. a)  *más joven que...*
   b)  *tan viejo como...*
   c)  *menos ricos que...*
   d)  *menos listo que...*

4. a)  *Se la entregó.*
   b)  *Se los confeccionó.*
   c)  *Se la dieron.*
   d)  *Las comprendió.*
   e)  *Se la dio.*

5. a)  *Una gran casa fue comprada por Carrizales en el centro de la ciudad.*

   b)  *Todas las puertas de la casa eran abiertas por la llave maestra.*

   c)  *El pasillo fue recorrido por la dueña con mucho sigilo.*

6. a) *Ése era un hombre honrado.*

   b) *Ese hombre era honrado.*

   c) *Aquellos trajes fueron para Leonora, ésos para sus criadas.*

   d) *Este dinero para los pobres, ése para pagar a Hacienda, aquél para los gastos de la casa.*

7. a) *¿Pasó muchos años en Colombia?*
   b) *¿Era Leonora tan hermosa?*
   c) *¿Huyó la dueña?*
   d) *¿Murió Carrizales de pena?*

8. a) *Su casa está en Sevilla.*
   b) *El mozo es muy astuto.*
   c) *Carrizales es muy celoso, por eso ha prohibido a su mujer que visite a sus padres.*
   d) *Está muy enfermo, por eso ha llamado al escribano.*
   e) *Leonora está arrepentida.*

9 *a) prometido    b) visto    c) puesto*
   *d) contado    e) hecho.*

10. a) *¿Por qué...*    b) *por qué...*    c) *porque...*
    d) *porqué...*

C) *DE LÉXICO*

1.  *añorar*                 *añoranza*
    *casarse*               *casamiento*
    *preocupar*          *preocupación*
    *pensar*                *pensamiento*
    *elegir*                 *elección*
    *jugar*                 *juego*
    *conocer*             *conocimiento*
    *esperar*              *esperanza*
    *morir*                 *muerte*

2. a) *En esto se presentó la <u>tempestad</u> ......*
   b) *Gente <u>perezosa</u> y <u>gandula</u>.*
   c) *¡Déjate de <u>tonterías</u>!*
   d) *Tendréis todo <u>preparado</u>.*
3. *Leonora lleva: diadema, pendientes, collar, cadena, medalla, pulseras, anillos y sortijas.*
4. a) *Esta chica es guapa, y por la casa en que vive, debe de ser pobre.*
   b) *Que tenga o no tenga dinero, no debe preocuparme.*
   c) *Actuando así, juntó poco a poco mucho dinero.*
   d) *Al llegar la noche, las mujeres vinieron a escuchar la guitarra.*
   e) *Ella hacía siempre lo que su marido quería.*

5. *dormir*       *despertar*
   *gastar*       *ahorrar*
   *generoso*       *avaro*
   *mentiroso*       *sincero*
   *bondadoso*       *malvado*
   *holgazán*       *trabajador*

6. a) *Era tan despilfarrador.....*
   b) *Por ser tan educado.....*
   c) *Es muy desordenada.....*
   d) *Era muy holgazán.....*

7.  a)  *tren*                 b)  *plebeyo*
    c)  *senil*                d)  *señora*

8.  *guapo, listo, holgazán y joven*
    a)  *holgazán*
    b)  *joven y guapo*
    c)  *listo*

9.  a)  *pensamiento, pensador, impensable, pensativo...*
    b)  *ánimo, inanimado, desanimar, animación, animador...*
    c)  *jurado, juramento, perjurio, juramentar...*

10. Patria: *Lugar, país o nación en que se ha nacido.*
    Fechoría: *Mala acción.*
    Untar: *Aplicar y extender superficialmente una grasa u otra materia sobre alguien o algo; generalmente, el pan*
    Cerrajero: *Aquél que hace cerraduras, llaves, candados y otras cosas de hierro.*
    Talle: *Cintura del cuerpo humano.*

## EL CELOSO EXTREMEÑO
### Vocabulario Multilingüe

| ESPAÑOL | INGLÉS |
|---------|--------|
| agasajar | to welcome warmly |
| aguardiente, el | liquor, schnaps |
| alforja, la | saddlebags |
| añorar | to miss |
| 5 astucia, la | cunning |
| aya, el(fem.) | governess |
| azotea, la | flat roof |
| | |
| bandada, la | flock |
| bendecir | to bless |
| | |
| 10 cebada, la | barley |
| centinela, el | watchman, guard |
| cerrajero, el | locksmith |
| clausura, la | enclosure |
| cojera, la | limp |
| 15 cuchicheo, el | muttering, whispering |
| | |
| daga, la | dagger |
| defraudado/a | dissappointed |
| desván, el | loft |
| dote, la | dowry |
| | |
| 20 embalsamar | to embalm |
| embelesado/a | fascinated, charmed |

| FRANCÉS | ALEMÁN | |
|---|---|---|
| bien accueillir | freundlich aufnehmen | |
| eau de vie | r Branntwein, r Schnaps | |
| besace | r Reisesack, e Satteltasche | |
| avoir la nostalgie du | sich sehnen nach | |
| ruse | e List, e Schlauheit | 5 |
| gouvernante | e Kinderfrau | |
| terrasse | r Dachgarten, e Terrasse | |
| | | |
| volée | r Schwarm (Vögel) | |
| bénir | segnen | |
| | | |
| orge | e Gerste | 10 |
| centinelle | e Wache, r Aufpasser | |
| serrurier | r Schlosser | |
| clôture | s Eingeschlossensein | |
| boiterie | s Hinken, s Humpeln | |
| chuchotement | s Geflüster, s Flüstern | 15 |
| | | |
| dague | r Dolch | |
| deçu/e | enttäuscht/getäuscht | |
| grenier | r Dachboden, r Speicher | |
| dot | e Mitgift | |
| | | |
| embaumer | einbalsamieren | 20 |
| charmé/ée | bezaubert | |

| ESPAÑOL | INGLÉS |
|---|---|
| expectativa, la | expectation |
| establo, el | barn |
| esterilla, la | mat |
| 25 estribillo, el | chorus |
| eunuco, el | eunuch |
| fechoría, la | mischief |
| flota, la | fleet |
| galán/a | handsome, gallant |
| 30 gatera, la | cathole |
| hacienda, la | property, fortune |
| harapo, el | rags |
| hidalgo, el | noble man |
| holgazán/a | lazy |
| 35 honra, la | honour, good name |
| merodear | to roam |
| morada, la | house, dwelling |
| muleta, la | crutch |
| preámbulo, el | without so much ado |
| 40 quicio, el | doorstep |
| represalia, la | retaliation |

| | | |
|---|---|---|
| expectative | e Erwartung | |
| écurie | r Stall | |
| natte | e Matte | |
| refrain | r Refrain | 25 |
| eunuque | r Eunuch | |
| | | |
| forfait | e Untat, e Missetat | |
| flotte | e Flotte | |
| | | |
| galant | galant | |
| chatière | s Katzenloch/ r Einlaß | 30 |
| | | |
| fortune | s Vermögen | |
| haillon | e Lumpen(pl.) | |
| gentilhomme | r Edelmann | |
| fainéant/e | träge, faul, müßiggängerisch | |
| honneur | e Ehre | 35 |
| | | |
| marauder | sich herumtreiben | |
| demeure | e Wohnung, r Aufenthalt | |
| béquille | e Krücke | |
| | | |
| préambule | e Einleitung, e Vorrede | |
| | | |
| jambage | e Türrahmen | 40 |
| | | |
| représaille | e Repressalien, e Vergeltungsmaßnahmen | |

| ESPAÑOL | INGLÉS |
| --- | --- |
| sien, la | temple |
| sobras, las | remnants |
| soliloquio, el | soliloquy |
| 45 talle, el | waist |
| tañer | to play |
| torno, el | revolving window |
| tullido/a | cripple |
| umbral, el | threshold |
| 50 ungüento, el | ointment |
| untar | to rub |
| zarpar | to sail |

| FRANCÉS | ALEMÁN | |
|---|---|---|
| tempe | e Schläfe | |
| débris | e Reste | |
| soliloque | s Selbstgespräch | |
| taille | e Figur, e Gestalt | 45 |
| jouer de | e Instrument spielen | |
| tour | e Spindel, e Winde | |
| perclus/e | gelähmt, lahm | |
| seuil | e Türschwelle | |
| onguent | e Salbe | 50 |
| enduire | salben, eincremen | |
| lever l'ancre | d. Anker lichten | |

# NOTAS

# NOTAS